Elena Ginard Riera

APULEYO EDICIONES   FOMENTO DE VALORES   CUENTOS ILUSTRADOS

OLIVIA
Y LA CEBRA ARCOÍRIS

APULEYO EDICIONES   FOMENTO DE VALORES   CUENTOS ILUSTRADOS

HABÍA UNA VEZ UNA NIÑA LLAMADA OLIVIA. AUNQUE OLIVIA ERA
MUY INTELIGENTE Y CREATIVA, A VECES SE SENTÍA DIFERENTE
A LOS DEMÁS NIÑOS Y NIÑAS QUE CONOCÍA...

Y ES QUE SU FORMA DE PENSAR, EFECTIVAMENTE, ERA MUY DIFERENTE
A LA DE CUALQUIERA DE LOS NIÑOS O NIÑAS DE SU EDAD.

A OLIVIA LE GUSTABA MUCHO OBSERVAR TODO LO QUE LA RODEABA,
ADEMÁS, ERA MUY CURIOSA Y SOLÍA PREOCUPARSE POR COSAS QUE A
SUS AMIGOS NO PARECÍAN IMPORTARLES LO MÁS MÍNIMO...

ESO HACÍA QUE SE SINTIERA MUCHAS VECES FRUSTRADA O FUERA DE LUGAR, PORQUE LA MIRABAN RARO Y PARECÍA QUE NADIE LA ENTENDÍA.

ASÍ QUE DEJÓ DE COMPARTIR LO QUE PENSABA Y HACÍA TODO LO POSIBLE PARA PASAR DESAPERCIBIDA. TANTO QUE DEJÓ DE PARTICIPAR EN CLASE COMO LO HACÍA Y NO DEMOSTRABA MUCHÍSIMAS DE LAS COSAS QUE SABÍA PARA PODER ENCAJAR MEJOR EN SU GRUPO.

PERO, ¿SABÉIS QUÉ? OLIVIA, ASÍ, NO ERA FELIZ.

UN DÍA, MIENTRAS ESTABA DE VIAJE CON SU FAMILIA, FUE DE VISITA A UN ZOOLÓGICO. LE ENCANTABAN LOS ANIMALES Y, AUNQUE NO SABRÍA DECIDIRSE POR CUÁL LE GUSTABA MÁS, CUANDO PASARON POR EL CERCADO DE LAS CEBRAS, OLIVIA SE DETUVO. QUEDÓ FASCINADA POR LAS RAYAS NEGRAS Y BLANCAS QUE CUBRÍAN SUS CUERPOS.

"¡SON TAN BONITAS!", PENSÓ, ENSIMISMADA.

CUANDO VOLVIERON A SU CIUDAD, DECIDIÓ APRENDER MÁS SOBRE LAS CEBRAS. ASÍ QUE BUSCÓ LIBROS EN LA BIBLIOTECA SOBRE ESTOS ANIMALES, LISTA PARA DEVORAR TODA LA INFORMACIÓN POSIBLE.

DESCUBRIÓ QUE LAS RAYAS NO SOLO LES SERVÍAN COMO UN MECANISMO DE CAMUFLAJE PARA PROTEGERSE DE LOS DEPREDADORES, SINO TAMBIÉN PARA RECONOCERSE ENTRE ELLAS MISMAS. OLIVIA QUEDÓ ASOMBRADA POR LA INTELIGENCIA E INDIVIDUALIDAD DE ESTOS ANIMALES.

DESDE AQUEL DÍA SE PASÓ HORAS INVESTIGANDO SOBRE LAS CEBRAS Y SE DIO CUENTA DE ALGO MUY PECULIAR: CADA UNA TENÍA UN PATRÓN DE RAYAS ÚNICO Y DIFERENTE ENTRE SÍ. ALGUNAS TENÍAN MÁS RAYAS NEGRAS, OTRAS MÁS BLANCAS, ALGUNAS ERAN ANCHAS Y OTRAS DELGADAS... PERO TODAS ERAN IGUALMENTE PRECIOSAS.

CUANTAS MÁS COSAS SABÍA SOBRE LAS CEBRAS, MÁS IDENTIFICADA SE SENTÍA OLIVIA CON ELLAS. ELLA TAMBIÉN ERA ÚNICA Y ESPECIAL, AL IGUAL QUE CADA UNA DE ESAS RAYAS DIFERENTES ENTRE SÍ.

ENTONCES SE LE OCURRIÓ CREAR SU PROPIA HISTORIA INSPIRADA EN ESE DESCUBRIMIENTO PARA PODER EXPLICAR A SUS COMPAÑEROS Y AMIGOS CÓMO ERA Y CÓMO SE SENTÍA.

FUE ASÍ COMO ESCRIBIÓ UN CUENTO PROTAGONIZADO POR UNA CEBRA LLAMADA IRIS.

Iris era diferente a las demás cebras porque sus rayas no eran
ni negras ni blancas, sino de colorines, como el arcoíris.

Sus compañeras de la manada se burlaban de ella
y la rechazaban por ser diferente.

–¡Así no puedes camuflarte!

–¡Se te ve a leguas!

–¡No te acerques! ¡Harás que nos coman a todas! –Se reían las otras cebras.

Pero Iris no dejaba que eso le afectara. Ella sabía que su belleza se encontraba en su singularidad y decidió emprender un viaje en busca de amigos de verdad, que no se rieran siempre de ella.

Durante su viaje, Iris conoció a animales de diferentes especies: un león sin melena, una gorila blanca, un búho diurno y un oso hormiguero que detestaba las hormigas.

Todos estos animales también se sentían diferentes y habían abandonado
sus manadas, al igual que Iris, para intentar encontrar a alguien
que los quisiera y aceptara tal cual eran.
Sin embargo, gracias a Iris, aprendieron algo aún mejor,
a quererse tal y como eran ellos mismos.
Juntos formaron una manada de lo más peculiar, demostrando al mundo
que ser único es algo maravilloso.

OLIVIA COMPARTIÓ SU CUENTO CON SUS AMIGOS Y AMIGAS DEL
COLEGIO, QUIENES QUEDARON ENCANTADOS E INSPIRADOS
POR LA HISTORIA, DEMOSTRÁNDOLES QUE CADA PERSONA
TIENE HABILIDADES ÚNICAS Y ESPECIALES.

Y, FINALMENTE, DEJÓ DE PREOCUPARSE TANTO POR LO QUE LOS DEMÁS PENSARAN DE ELLA, PORQUE SABÍA QUE ERA GENIAL TAL Y COMO ERA.

© Elena Ginard Riera (de la obra)
©Apuleyo Ediciones (de esta edición)
Primera edición en Apuleyo Ediciones: julio 2024
Diseño de cubierta: Sofía Corzo González
Corrección: Aitor Andreu Guerrero
Maquetación: Domingo Carrasco Martín
Ilustraciones: Lidiane Miranda
Coordinación editorial: Isidoro Cidre González
info@apuleyoediciones.com
www.apuleyoediciones.com
ISBN: 978-84-1060-191-8
Depósito legal: H 54-2024

Hecho e impreso en España.

OLIVIA
Y LA CEBRA ARCOÍRIS

APULEYO EDICIONES   FOMENTO DE VALORES   CUENTOS ILUSTRADOS

Elena Ginard Riera

APULEYO EDICIONES   FOMENTO DE VALORES   CUENTOS ILUSTRADOS